Fabriken, ein leeres Schulhaus und andere Notlösungen

Etienne Ruedin

Fabriken, ein leeres Schulhaus und andere Notlösungen

150 Jahre katholische Kirche im Bezirk Meilen

Benziger/Émosson

Vom gleichen Autor zur Heimatkunde von Männedorf erschienen:

Blatte - miis Quartier

Gschichte vo früener und vo ganz früener verzellt vom Autor. Viles hät er sälber erläbt. Anders hät er ghört oder isch im sälber verzellt worde. Will das Büechli uf Züritüütsch gschribe isch, sind die Gschichte ganz authentisch und nöch – halt wien verzellt. Was häds mit em Sibechäppimaa uf sich? Und wies gsi isch, won a de Chrüüzig e richtigs Zäntrum zum poschte gsi isch. Vo Räben und vo Wii, vom Mittelalter und neuere Räubergschichte. Und das mer sich ales au guet chan voorstelle, häts vil Bilder: Zäichnige und alti Fotene.

Benziger/Émosson, 2011. Erhältlich übers Internet oder portofrei direkt beim Autor.

Benziger
Émosson

Ruedin, Etienne: Fabriken, ein leeres Schulhaus und andere Notlösungen : 150 Jahre katholische Kirche im Bezirk Meilen. Männedorf, 2014: Benziger-Émosson.
gedruckt ISBN 978-2-491183-04-2
elektronisch ISBN 978-2-491183-05-9

Vorwort

Katholische Gottesdienste waren nach der Reformation bis zum Beginn des 19. Jahrhunderts im Kanton Zürich verboten. Erst die Niederlassungs- und Religionsfreiheit nach den napoleonischen Kriegen ermöglichte im 19. Jahrhundert den Zuzug von Katholiken in den reformierten Kanton Zürich. Die 1863 gegründete Inländische Mission errichtete im darauf folgenden Jahr in Männedorf die erste und somit älteste Missionsstation in der Schweiz. Am 11. November 1864 fand in Männedorf nach über dreihundert Jahren die erste katholische Messe seit der Reformation statt. Ab 1874 wurde Männedorf als Filiale der Pfarrei Horgen betreut und 1882 zur selbständigen Pfarrei erhoben.

Dieses kleine Büchlein zeichnet anlässlich des 150. Jahrestages der ersten offiziellen Heiligen Messe den umständlichen Weg durch Fabriken und Restaurantsäle bis zur eigenen Kirche nach. Dabei zeigt sich das uns bekannte Dorf fast laufend von einer Seite, die niemand mehr kennt. Durch Bezüge zur heutigen Zeit findet sich der Leser jederzeit zurecht, auch wenn an gewissen Orten kein Stein auf dem anderen geblieben ist.

Interessant mag sein, festzustellen, dass vor 150 Jahren die schweizerischen Katholiken im Kanton Zürich so skeptisch beobachtete Einwanderer waren, wie heute nichtchristliche Migranten aus fernen Ländern. Ebenso richteten sie sich zuerst oft an zweitklassigen Adressen in Hinterhöfen oder leerstehenden Fabriken ein. Dass der 1898 erbaute Männedorfer Kirchturm architektonisch oft mit einem Minarett verglichen wird, mag Ironie der Geschichte sein.

Inhalt

Vorwort 5
Gottesdienst im Steueramt 8
Informelle Gottesdienste im Knabeninternat 9
Gottesdienst in der Fabrik 10
Gottesdienst in der Beiz 11
Endlich ein eigenes Lokal – für den Spitzhammer 12
Das Kirchlein im Rebberg 13
Was lange währt 14
Katholische Migranten 16
Zu Fuss, mit dem Velo oder der Bahn zum Gottesdienst 17
Kuriosa 17
Entwicklung (Verkleinerung) der Pfarrei Männedorf 18
Bildverzeichnis 19
Literaturverzeichnis 19

Vor 150 Jahren, am 11. November 1864 wurde im Bezirk Meilen das erste Mal seit der Reformation 1525 wieder eine katholische Messe gelesen.

Vor rund einem halben Jahrtausend hatte der kleine Rat (Stadtrat) von Zürich beschlossen, dass die Bevölkerung des Kantons per Federstrich reformiert werde. Der katholische Glaube wurde erst wieder in der Folge der napoleonischen Kriege in der Helvetischen Republik am 7. Januar 1800 zugelassen, Gottesdienste gar erst mit der Gründung des modernen Bundesstaates am 12. September 1848.

Gottesdienst im Steueramt

Im Zuge der Industrialisierung zogen vermehrt Arbeiter katholischen
Glaubens in die Seegemeinden, die am Sonntag gerne einen Gottesdienst
besucht hätten – galt doch das Fernbleiben vom Gottesdienst als schwere
Sünde, auch wenn weite Wege (etwa ins katholische Städtchen Rappers-
wil oder ab 1844 nach Zürich) von der Pflicht entbinden. In Männedorf
gab es im 19. Jahrhundert auch eine Reihe bekannter Privatschulen und
Erziehungsinstitute. Jenes zum Felsenhof (heutiges Steueramt) hatte gar
Schüler aus Brasilien und Afrika. So erstaunt es nicht, dass sich
katholische Schüler und Arbeiter sonntags im Schulhaus zu informellen
Heiligen Messen trafen, wenn es gelang, einen Priester zu organisieren.
Auf der Zeichnung von vor 1878 sieht man das Haus zum Felsenhof in
der Mitte, links vom Turnplatz ein nicht mehr bestehendes Schulgebäude
an der Seidengasse und rechts das Nebengebäude im Bereich des
heutigen Bahndammes, das später an die katholische Pfarrei verkauft
worden ist.

Informelle Gottesdienste im Knabeninternat

Von diesen bereits „seit Jahren" stattfindenden informellen Gottes-
diensten erfuhr der Stadtzürcher Pfarrer Johann Sebastian Reinhard,
weshalb er in Männedorf für die Katholiken des Bezirks Meilen wöchent-
liche Gottesdienste organisieren wollte, vorerst als Filialbetrieb der
Pfarrei Horgen, ab 1882 dann als eigenständige Pfarrei. Reinhard schrieb
also bezüglich „offizieller" katholischer Gottesdienste in Männedorf am
31. August 1864 an den Regierungsrat des Kantons Zürich. Die Direktion
des Innern verfügte darauf hin, dies sei nach dem „Gesetz betreffend des
Katholischen Kirchenwesens" möglich.

Lange bevor man von Verdichtung sprach: Diese alte Aufnahme richtet
den Blick von der Schönhalde gegen die beiden Kirchen, dazwischen das
Zentralschulhaus (Schulstrasse 10) und das alte Sekundarschulhaus
(Schulstrasse 20). Das „neue" Primarschulhaus (Schulstrasse 30) und der
katholische Kirchturm wurden erst drei Jahre später, 1898 erbaut, die
Glärnischstrasse (am unteren Rand des Rebberges) rund 60 Jahre später.

Gottesdienst in der Fabrik

Die ersten offiziellen katholischen Gottesdienste fanden während dreiviertel Jahren in einer alten Fabrik des Obersts Zuppinger „in Gassen" statt. Dieses Gebäude stand an der Stelle des heutigen Spar unterhalb des Bahnhofes und wurde 1938 bis 1972 von der Evangelisch-methodistischen Kirche ebenfalls als kirchliches Zentrum genutzt. Die Aufnahme stammt aus dem Jahr 1960. Das Gebäude wurde 1982 abgerissen und an dessen Stelle und der rechts sichtbaren Fabrik im Sommer 1983 das Einkaufszentrum Oberdorf eröffnet.

Gottesdienst in der Beiz

Nach verschiedenen Provisorien zogen die rechtsufrigen Katholiken in
den Saal des Restaurants Schiffli an der Dorfhaab. Die Aufnahme stammt
ca. von 1867. Zu jener Zeit befand sich das „Schiff" nur in der Haushälfte
gegen die Kugelgasse. In der anderen Hälfte gegen den „Wilden Mann"
hin befand sich das Restaurant „Zur Zinne".

An Stelle der Scheune gegen den Wildenmann baute 1868 Rudolf Kunz
ein Haus, in dem sich dann bis 1895 die Post einmietete; später war darin
das Fotogeschäft Kunz. Hier nimmt die Postgasse ihren Anfang. Die Post
wählte dieses Gebäude, da die Sendungen zu jener Zeit mit dem Schiff
transportiert wurden. Nach der Eröffnung der rechtsufrigen Bahnlinie,
zog die Post ans obere Ende der Postgasse ins Hauptgebäude des
Restaurant Bahnhof-Post, das ab 1950 (Neubau der Post an Stelle der
Raiffeisenbank) die Migros und ab den 1970er-Jahren die
Bankgesellschaft beherbergte.

Drei Zuger Katholiken kauften 1879 ein Nebengebäude des Instituts zum Felsenhof (auf Seite 8 rechts), das in ein Betsaal für 110 Personen mit Pfarrwohnung umgebaut wurde. Sehr ortskundig schienen die Zuger jedoch nicht gewesen zu sein, hatten sie doch von der geplanten Eisenbahn offenbar keine Ahnung. Schon 1892 wurde die Liegenschaft für den Bau der Eisenbahn enteignet und abgebrochen – zusammen mit drei Wohnhäusern an der Kugelgasse und einigen Gebäuden des Bibelheims an der Liebeggasse (zwischen Ems-Chemie an Stelle des kleinen Häuschens links und Felsenhof rechts ausserhalb).

Im gleichen Jahr konnte etwas ausserhalb des Dorfes (das damals beim Bahngleis endete), im Hasenacker mitten in den Rebbergen Bauland erworben werden. Bis zur Einsegnung der neuen Kirche fanden die Gottesdienste im Saal des Gasthofes Neugut im Langacher statt.

Das Kirchlein im Rebberg

Die Einweihung der katholischen Kirche St. Stephan und St. Laurenz in
Männedorf erfolgte am Heilig Abend, dem 24. Dezember 1893. Auf Turm
und Pfarrhaus musste wegen Geldmangel und trotz Bettelreisen von
Pfarrer Schmitt nach Österreich-Ungarn und in die USA vorerst verzichtet
werden.

Auf der Photographie erkennt man nicht nur das spitze Dach auf dem
Dachreiter, das vielleicht etwas über den noch fehlenden Turm hinweg-
trösten musste, sondern auch die Bauhütte und den Haupteingang direkt
auf die Bergstrasse hinaus, die heutige Hasenackerstrasse.

Was lange währt

Der Kirchturm wurde erst 1898 – gleichzeitig mit dem Primarschulhaus
(Schulstrasse 30) – erstellt. Auch diesmal war die Kasse leer, bevor das
Werk vollendet. Für Glocken reichte das Geld erst 1929. Bis dahin
läuteten weiterhin die zwei Glöcklein im Dachreiter auf der Kirche neben
dem leeren Turm.

Auf der Zeichnung von Mathilde Bunn auf der rechten Seite (vor 1938)
sehen wir diese Situation: die Kirche mit dem während 31 Jahren leeren
Turm und dem Dachreiter, hier schon leer, da eines der beiden Glöcklein
1929 mit den drei neuen Glocken im Turm aufgezogen wurde.

Katholische Migranten

Die Pfarrei Männedorf umfasste ursprünglich neben der Gemeinde
Männedorf mit 149 Katholiken auch Stäfa (189), Hombrechtikon (199),
Ötwil (18), Uetikon (86), Meilen (164), Zumikon (16) und Küsnacht. Aus
diesen Zahlen lässt sich auch gut der Stand der Industrialisierung und der
damit verbundenen Zuwanderung von Arbeitern aus der Innerschweiz,
dem St. Galler Oberland und Italien in den einzelnen Gemeinden ablesen.

In Männedorf waren dies etwa die Seidenweberei, später Gerberei Staub
(heute Tecan), die Baumwollweberei Staub (heute Gemeindeparkplatz),
die Baumwollfabrik Zuppinger im späteren Neugutsaal oder die
Baumwollweberei Oetiker, später Seidenweberei Brunner (heute
Einkaufszentrum Oberdorf). Heute hat die Pfarrei Männedorf-Uetikon
rund 4300 Angehörige, rund dreissig Mal mehr als damals.

Zu Fuss, mit dem Velo oder der Bahn zum Gottesdienst
Der Weg zum Sonntagsgottesdienst in Männedorf zu Fuss, mit dem Velo
oder auch mit dem Zug war vor allem für die Gläubigen aus den unteren
Bezirksgemeinden weit und mühsam. Auch wenn die Gottesdienstzeiten
jeweils dem Fahrplan der Schweizerischen Nordostbahn (NOB),
respektive ab 1903 der SBB angepasst wurden, gab es überall
Bestrebungen für eigene Kirchen.

Bereits 1903 bauten die Küsnachter eine eigene Kirche und trennten sich
von der Mutterpfarrei Männedorf ab. Gleiches geschah 1919 mit
Hombrechtikon, 1933 trennte sich Meilen ab, nachdem ein Lokal
gemietet werden konnte, im Herbst 1938 folgte Stäfa. Zumikon und
Erlenbach schlossen sich Küsnacht an, Ötwil verband sich mit Egg, wo
seit 1921 die hölzerne Wallfahrtskirche St. Antonius („Klein-Padua")
steht. Uetikon gehört weiterhin zur Pfarrei Männedorf, hat aber seit 1966
ein eigenes Gottesdienstlokal: Den Saal des Restaurant Baumgarten, ab
1986 eine Holzkapelle und seit 2008 eine moderne Kirche mit Zentrum
und Dienstwohnung.

Die Uetiker Katholiken pilgerten noch bis 1966 nach Männedorf. Ältere
Bewohner erinnern sich noch an die eindrückliche, morgendliche
Fussgängerkarawane, bevor der Saal des Restaurants Baumgarten als
Gottesdienstlokal gemietet werden konnte. 1986 folgte der Bau einer
Holzkapelle und 2008 die weiterhin zur Pfarrei Männedorf gehörende
Kirche.

Kuriosa
Der erste Pfarrer der Pfarrei Männedorf hiess wie der heutige Pfarrer,
Schuler. Der vierte Pfarrer, Ferdinand Ziegler, dessen Gedenkstein noch
heute vor der Kirche steht, kam wie der heutige Pfarrer aus Erstfeld.

Entwicklung (Verkleinerung) der Pfarrei Männedorf

Gemeinde	Zugehörigkeit (*)	Kirche/Lokal
Zollikon	zu Zürich-Liebfrauen	
	1903 zu Küsnacht	1929 ref. Kirchgemeindesaal
	1926 zu Zch-St. Anton	1931 Kapelle
	1932 selbständig	1997 Kirche Hl. Dreifaltigkeit
Zollikerberg	zu Zürich-Liebfrauen	
	1903 zu Küsnacht	
	1926 zu Zch-St. Anton	1962 ref. Kirchgemeindesaal
	1932 zu Zollikon	1966 Kirche St. Michael
	1955 Vikariat, 1966 Rektorat, 1974 Pfarrei mit Zumikon	
Zumikon	wie Zollikerberg	1959 Singsaal
		1982 Kapelle Bruder Klaus
Küsnacht	1903 selbständig	1903 Kirche St. Georg
Erlenbach	1903 zu Küsnacht	1976 Kirche St. Agnes
Herrliberg	1903 zu Küsnacht	
	1956 Rektorat	1956 Kirche St. Marien
Meilen	1933 selbständig	1933 Fabriksaal
		1951 Kirche St. Martin
Uetikon am See		1966 Restaurantsaal
		1986 Holzbaracke
		2008 Kirche
Männedorf	1864 Missionsstation	1864 Provisorien
	1874 zu Horgen	1879 Saal und Wohnung
	1882 selbständig	1893 Kirche St. Stephan/L.
Stäfa	1938 Missionsstation	1938 Fabrik
	1949 Pfarrei	1948 Kirche St. Verena
Ürikon	1919 zu Hombrechtikon	
	1939 zu Stäfa	
Ötwil am See	zu Egg	
Hombrechtikon	1919 selbständig	1919 Kirche St. Niklaus

(*) ausser Zollikon (damals Bezirk Zürich) und Zumikon wurden alle Gemeinden des Bezirks Meilen ab 1864 durch die Missionsstation/Pfarrei Männedorf betreut.

Bildverzeichnis

Institut zum Felsenhof   vor 1878
Methodistensaal   1960
Restaurant Schiffli   ca. 1867
Abbruch Kugelgasse / Bahnbau   1892
Kirche ohne Turm mit Bauhütte   1893
Turm und Dachreiter   zwischen 1929 und 1938
Glockenaufzug   1929 (*)
Übersicht   1895

(*) In der Chronik von Galliker wird diese Aufnahme fälschlicherweise mit dem Baujahr des Turmes datiert. Galliker datiert den ersten offiziellen Gottesdienst auch auf den 11. September 1864, beruft sich dabei auf Bindschedler, der richtigerweise den 11. November 1864 angibt.

Literaturverzeichnis

Bindschedler, Carl: Geschichte der Gemeinde Männedorf. Stäfa, 1927.
Fietz, Hermann: Die Kunstdenkmäler des Kantons Zürich, Band II: Die Bezirke Bülach, Dielsdorf, Hinwil, Horgen und Meilen. Bern, 1943. (=Kunstdenkmäler der Schweiz. Band 15).
Galliker: Hans-Rudolf: Von den Freuden und Wehen des Zusammenlebens. Stäfa, 2007: Gut.
Hundert Jahre Pfarrei St. Stephan. Männedorf, 1982.
Ruedin, Etienne: Mänidorf, es Läsibuech. Männedorf, 1990.
Ziegler, Peter: Männedorf. Männedorf, 1975: Gemeindeverwaltung.

Émosson – Christliche Reihe

Gehet hin und bloggt von Etienne Ruedin

Zairischer Meßritus von

L'Effusion de l'Esprit Saint de Jean Simonart

Als Jesus Maria Magdalena küßte von Christoph Arens et al.

Maennedorfensia

Blatte – miis Quartier von Etienne Ruedin

Fabriken, ein leeres Schulhaus und andere Notlösungen – 150 Jahre katholische Kirche im Bezirk Meilen von Etienne Ruedin

Benziger Bildung

Schule der Zukunft. 110. Geburtstag und 40. Todestag Célestin Freinets. 60 Jahre Moderne Schule von Étienne Ruedin et al.

Quellentexte zur Bibliotheksgeschichte

Illetrismus als Herausforderung der Informationswissenschaft von Etienne Ruedin

Identitäten im Internet – das Ende der Anonymität? von Etienne Ruedin

Kontextabhängige Gestaltung (Contextual Design) nach Beyer/Holtzblatt von Thomas Hanimann, u.a.

e-Mail – der Zwitter: Vermeintliche und wirkliche Einflüsse des e-Mails auf den Menschen von Carla Buser u.a.

Digitale Gräben oder Digitale Brücken? Chancen und Risiken für Schwellenländer von Thomas Hanimann, u.a.